全国职业院校城市轨道交通专业教材

城市轨道交通车辆驾驶
习题册

张耀宁　主编

中国劳动社会保障出版社

简　介

本习题册是全国职业院校城市轨道交通专业教材《城市轨道交通车辆驾驶》的配套习题册。

本习题册根据职业院校城市轨道交通专业学生的特点，按照教材分章节编写，包括行车管理基础、列车运行控制、列车驾驶基础、列车整备及出入段 / 场、正线列车运行、非正常情况行车组织与突发事件应急处理，以及段 / 场运作与施工作业，有填空题、选择题、判断题、名词解释、简答题和综合分析题等多种题型，供学生课后练习使用。本习题册配有参考答案，可通过中国技工教育网（http：//jg.class.com.cn）下载。

本习题册由张耀宁任主编。

图书在版编目（CIP）数据

城市轨道交通车辆驾驶习题册 / 张耀宁主编 . -- 北京：中国劳动社会保障出版社，2021
全国职业院校城市轨道交通专业教材
ISBN 978-7-5167-4816-9

Ⅰ. ①城…　Ⅱ . ①张…　Ⅲ. ①城市铁路 – 铁路车辆 – 驾驶术 – 高等职业教育 – 习题集
Ⅳ. ①U268.4-44

中国版本图书馆 CIP 数据核字（2021）第 028388 号

中国劳动社会保障出版社出版发行
（北京市惠新东街 1 号　邮政编码：100029）
*
三河市潮河印业有限公司印刷装订　新华书店经销
787 毫米 ×1092 毫米　16 开本　2.75 印张　61 千字
2021 年 3 月第 1 版　2025 年 12 月第 2 次印刷
定价：7.00 元

营销中心电话：400-606-6496
出版社网址：http://www.class.com.cn
http://jg.class.com.cn

目　录

第一章　行车管理基础

一、填空题（将正确答案填在横线空白处）

1. 城市轨道交通正线行车组织工作遵循统一指挥、逐级负责的原则，正线行车指挥由______________负责，统一组织和指挥正线行车作业。

2. 城市轨道交通行车调度指挥工作中，必须坚持___________原则，正确指挥列车运行，不得发布没有安全保障依据的命令和指示。

3. 列车开行方案主要包括____________________和列车停站方案等。

4. 乘务组织管理应按________________________的安全生产方针管理乘务队伍。

5. 列车司机在值乘、出勤或操纵列车运行过程中做出的与有关安全规定、运行规定、行车纪律等相违背的行为称为____________。

6. 穿越道岔区时，严禁__________________________。

7. 停有列车、电客车、机车、车辆的线路或已封锁的线路称为________。

8. 列车在始发站或停车站因违章作业、违反劳动纪律等造成晚开或超过运行图规定的停车时间，称为____________。

二、选择题（将正确答案的字母填在括号内）

1. 下列岗位中，不属于一级指挥层级的是（　　）。

A. 行车调度　　B. 电力调度

C. 检修调度　　D. 环控调度

2.（　　）负责制订、组织和实施司机的派班计划，办理司机的出勤、退勤作业。

A. 行车调度员　　B. 场 / 段调度员

C. 电客车队长　　D. 派班员

3. 正线指挥列车运行的调度命令和口头指示只能由（　　）发布。

A. 行车调度员　　B. 行车值班员

C. 值班主任　　D. 值班站长

4. 列车运行图上的斜线称为（　　）。

A. 时间线　　B. 距离线

C. 列车运行线　　D. 车站中心线

5. 司机操纵旁路开关前，必须正确判断、认真确认，并得到（　　）授权，严禁盲目使用旁路开关。

A. 电客车队长　　B. 行车调度员

C．检修调度员　　D．值班主任

6．（　　）是导致事故发生的重要因素。

A．人的不安全行为　　B．设备故障

C．恶劣环境　　D．管理缺陷

7．造成直接经济损失 5 000 万元以上 1 亿元以下，或者连续中断行车 24 h 以上的突发事件为（　　）。

A．特别重大运营突发事件　　B．重大运营突发事件

C．较大运营突发事件　　D．一般运营突发事件

8．制定列车开行方案的基础是（　　）。

A．客流计划　　B．全日行车计划

C．车辆配备计划　　D．车辆运用与检修计划

三、判断题（正确的在题后括号内打"√"，错误的打"×"）

1．编有号码并在调度命令登记簿上登记的调度指令称为调度命令。（　　）

2．行车日期划分以零时为界，零时以前办妥的行车手续，零时以后视为无效。（　　）

3．司机必须严格按照运营时刻表及信号显示行车，维护运行秩序，工作中严守岗位，不得擅自离岗，做到有车必有人。（　　）

4．列车原路折返时，司机确认道岔位置正确后即可自行动车折返。（　　）

5．城市轨道交通系统（尤其是地铁系统）多采用单线追踪运行图。（　　）

6．包乘制有利于减少司机的配置数量，降低人力成本。（　　）

7．取消列车进路或关闭信号时，行车调度员通知行车值班员后，即可进行操作取消列车进路或关闭信号。（　　）

8．正线、辅助线及转换轨属行车调度员管理，车辆段线路属车辆段调度员管理。（　　）

四、名词解释

1．列车冒进信号

2．列车运行图

3．全日行车计划

4．乘务交路

五、简答题

1．城市轨道交通行车工作必须遵循哪些基本原则？

2．城市轨道交通行车工作需发布调度命令的内容有哪些？

3．运营事故事件处理应遵循哪些原则？

4．司机乘务作业安全管理规定中的“八必须”是指什么？

六、综合分析题

1．图 1-1 所示为某城市轨道交通运营企业某日车辆运用计划（105 车车底周转图），请回答以下问题。

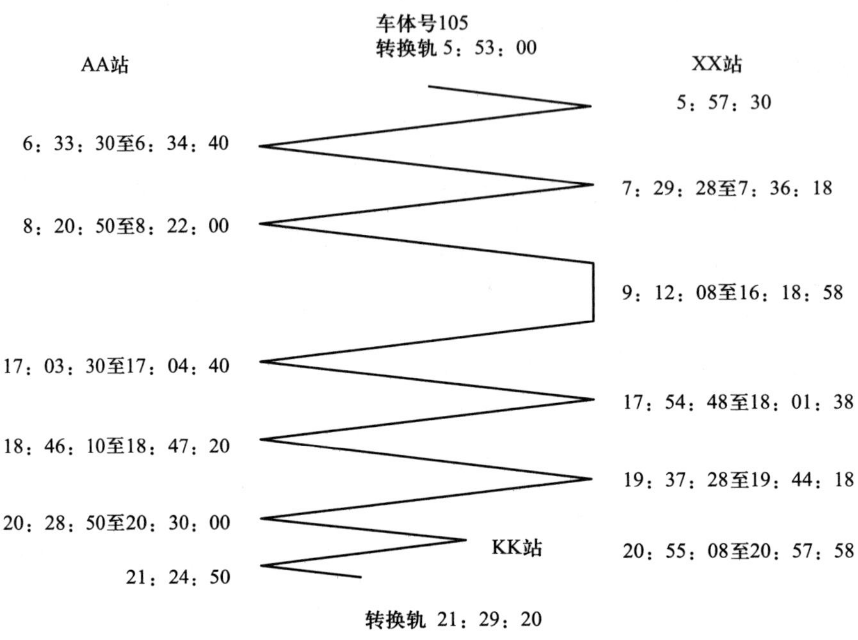

图 1-1　某城市轨道交通运营企业某日车辆运用计划

（1）什么是列车交路计划？列车交路计划的适用条件是什么？

（2）当日，该车的交路计划有何特点？

（3）按图 1-1 中信息显示，说明 18：00 时该车的位置及状态。

2. 阅读材料并回答问题。

西班牙列车脱轨事故

当地时间2013年7月24日20时42分左右，一列由马德里开往费罗尔的火车在圣地亚哥坎普斯特拉外脱轨，列车共搭载了225名乘客。

据目击者说，列车在经过一处弯道时，一节车厢突然跳开，失去控制的列车脱轨后撞上了铁路边的一堵墙。列车除了机车之外，共有10节车厢，其中4节翻覆在铁道的一边，另外6节翻覆在铁道的另一边。截至7月25日，事故死亡人数已升至78人（72人的身份已经确定），另有130余人受伤，32名受伤乘客情况严重，其中4名是儿童。事故现场如图1–2所示，事故发生地为下坡弯道，且轨旁交通信号标牌明确显示“限速80 km/h”。这是欧洲历史上较为严重的火车事故之一。

驾驶列车的司机52岁，有30年的驾驶经验，他在这起严重火车脱轨事故中仅受轻伤。警方对他进行了讯问，但他拒绝回答任何问题。

图1–2 事故现场

（1）城市轨道交通列车司机正线作业安全控制措施有哪些?

（2）根据案例，结合自己的实际体会，对该事件的发生原因进行分析。

（3）根据案例，谈谈你对违章行车危害的认识。

（4）结合案例及所学知识，列出具体可行的整改措施。

第二章　列车运行控制

一、填空题（将正确答案填在横线空白处）

1．城市轨道交通线路长、站点多、涉及面广、影响因素众多，只有采用＿＿＿＿＿＿实现车地数据传输，才能实现真正的移动闭塞及列车运行自动控制。

2．采用漏泄波导通信方式时，城市轨道交通上、下行线分别布设一条＿＿＿＿＿＿＿，负责实现车地通信。

3．城市轨道交通信号系统通常由＿＿＿＿＿＿信号控制系统和车辆段信号控制系统两大部分组成。

4．列车自动运行（ATO）系统主要用于实现“地对车控制”，即用＿＿＿＿＿实现列车驱动、制动及自动折返的控制。

5．典型的无线移动闭塞中，区域控制站设置＿＿＿＿＿＿，根据来自列车的位置报告跟踪列车，并对区域内列车发布移动授权，控制列车运行。

6．列车运行或调车转线所经过的路径称为＿＿＿＿。

7．为保证线路必要的通过能力和行车安全，轨道线路以车站为分界点划分，两站之间的线路称为＿＿＿＿。

8．闭塞的基本原则是：在线路区间或闭塞分区内任何时刻只允许＿＿＿＿＿＿＿＿。

二、选择题（将正确答案的字母填在括号内）

1．地面应答器传送的信息不包括（　　）。

A．线路基本参数信息　　B．线路速度信息

C．特殊定位信息　　D．列车编组信息

2．目前，城市轨道交通列车运行控制系统以（　　）控制为基础，根据与先行列车或目标点之间的距离和进路条件，对列车运行速度进行监测、控制和调整，实现超速防护、行车间隔自动调整。

A．距离　　B．速度

C．时间　　D．客流

3．城市轨道交通列车控制中，测距一般通过测量（　　）完成。

A．位置和速度　　B．时间和速度

C．时间和轮径　　D．速度和轮径

4．对列车进行速度监控和超速防护，实现列车间隔保护，保证列车在安全速度下运行是（　　）系统的基本功能。

A．ATO　　B．ATP　　C．CBI　　D．ATS

5．正线联锁系统采用计算机联锁（CBI），用于实现车站范围内（　　）、信号、道岔之间相互制约的关系，确保行车安全。

A．列车　　B．进路

C．安全门　　D．电气设备

6．司机发现邻线发生障碍，向邻线上运行的列车发出（　　）紧急停车信号。

A．一长声　　B．两短一长声

C．一长三短声　　D．连续短声

7．执行电话闭塞法行车的车站单方向发出的首列车限速（　　）km/h。

A．10　　B．25　　C．45　　D．60

8．采用移动闭塞法组织行车时，司机凭（　　）驾驶列车运行。

A．地面信号显示　　B．车载信号显示

C．地面信号显示和车载信号显示　　D．路票和手信号

三、判断题（正确的在题后括号内打“√”，错误的打“×”）

1．典型的无线局域网结构中，各移动终端都与接入点通信，但不能与其他移动终端通信。（　　）

2．进路闭塞法通常也称为自动闭塞法，是具备车载防护功能的固定闭塞法。闭塞区间为两架相邻信号机间的区域。（　　）

3．车轮旋转时，轮轴脉冲速度传感器将产生一个频率反比于运行速度的电脉冲信号。（　　）

4．利用轨道电路既可以实现列车定位，又可以检测轨道的完好情况，设备简单、经济方便、安全性高。（　　）

5．列车自动运行（ATO）系统属于“安全相关”类系统，采用故障－安全原则设计。（　　）

6．必须使列车或调车车列经过的所有道岔均锁闭在与进路开通方向相符合的位置。（　　）

7．进路的始端处应设置信号机加以防护，列车和调车车列必须依据信号的开放而通过进路。（　　）

8．采用时间间隔法时，车站按照事先约定的时间发出同方向的列车，实现相继追踪列车按照一定的时间间隔运行，足以确保列车运行安全。（　　）

四、名词解释

1．多普勒频移

2．应答器定位

3．联锁

4．闭塞

五、简答题

1．简述城市轨道交通扩频通信系统的工作过程。

2．简述列车自动监控（ATS）系统的基本工作内容。

3．简述移动闭塞法的使用时机、闭塞分区划分及行车凭证。

4．实现联锁的技术条件有哪些？

六、综合分析题

1. 某城市轨道交通线路（局部）示意图如图 2–1 所示，观察示意图并回答问题。

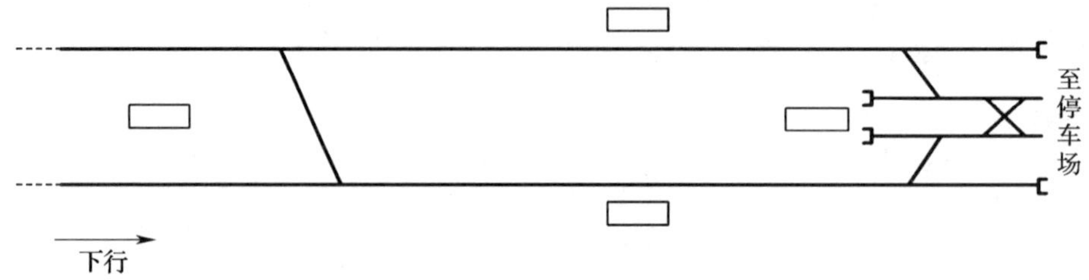

图 2–1　某城市轨道交通线路（局部）示意图

（1）在图 2–1 中标出应设置固定信号机的位置。

（2）说明图 2–1 中设置固定信号机的类型和作用。

（3）说明城市轨道交通正线固定信号的显示及含义。

2. 阅读材料并回答问题。

美国华盛顿地铁列车相撞事故

当地时间 2009 年 6 月 22 日 17 点，美国华盛顿哥伦比亚特区发生一起地铁列车相撞事故，由于正值下班高峰时间，所以事故造成的伤亡相当惨重，如图 2–2 所示。

华盛顿地区一共有红、蓝、黄、绿、橙 5 条地铁线，此次发生事故的是主要在该地区东部和北部运行的红线。事故发生时，南行的 214 次列车停在华盛顿东北部与马里兰州交界的地铁红线托腾堡地铁站附近等候进站命令。后行同向的 112 次列车未能检测到停驶的 214 次列车，继续高速运行，导致追尾相撞。112 次列车头部和 214 次列车尾部均严重损毁。据后行列车的乘客称，列车在撞向前行列车之前，几乎没有采取任何制动措施。

事故发生后，托腾堡站及塔科马站之间的红线运营服务暂停。此次相撞事故共造成 9 人死亡、52 人受伤，经济损失达 1 200 万美元。

图 2–2　美国华盛顿地铁列车相撞事故

（1）常见的城市轨道交通信号标志牌包括哪些类型？各有什么作用？

（2）说明列车自动控制（ATC）系统的组成及功能。

（3）根据案例资料，简要分析事故发生的原因。

（4）这起事故给你带来哪些启示？

第三章　列车驾驶基础

一、填空题（将正确答案填在横线空白处）

1．前照灯主要负责线路照明和信号指示，包括头灯、尾灯、____________。

2．按下____________按钮时，未关好车门进行关门动作，已关闭车门保持关闭。

3．按下“CWB”按钮，列车在洗车模式下，限速____km/h 运行。

4．坡道救援牵引力不足时，持续按下__________按钮，变频调速系统（VVVF）将控制牵引电动机以较大的力矩进行牵引，使列车处于高加速运行模式。

5．主控制器手柄和方向开关均在______位时，主控钥匙才能在这个位置插入或取出。

6．如果两端驾驶室同时被激活，列车将触发____________，并禁止牵引。

7．列车广播提供人工广播、______________、紧急对讲三种模式，以实现不同对象之间的广播通信需求。

8．当主风缸压力过低且蓄电池电压过低或供电故障，无法满足正常升弓需求时，可使用__________进行升弓操作。

二、选择题（将正确答案的字母填在括号内）

1．（　　）用于根据列车停稳在站台的位置，选择要打开的客室门。

A．门模式开关（DMCS）　　B．门选择开关（DSS）

C．门允许按钮（DPS）　　D．开门按钮（LDCB）

2．应答器天线设置在（　　）下部。

A．Tc 车　　B．Mp 车　　C．M 车　　D．T 车

3．尾灯属于信号灯，由（　　）控制，当头车激活时，列车后端的尾灯亮。

A．尾灯开关　　B．方向手柄　　C．主控钥匙　　D．主控手柄

4．洗车时，必须把雨刮器转至（　　）位，雨刮器将停靠在前窗的中间位置。

A．停止　　B．低速　　C．洗车　　D．间歇

5．按下（　　）按钮时，运行列车将降弓断电，实施紧急制动，该按钮不受操纵台激活的限制。

A．RBS　　B．CREB　　C．EBB　　D．CLS

6．Mp 车客室控制柜中，（　　）是受电弓控制断路器。

A．CMN　　B．PANCN　　C．FRDN　　D．GWVN

7．HMI 屏中显示（黄底）图标，其含义是（　　）。

A．AC 辅助电源故障　　B．AC 辅助电源警告
C．AC 辅助电源运行正常　　D．AC 辅助电源关闭

8．TOD 屏中显示  （黑底，绿色箭头）图标，其含义是（　　）。
A．无人驾驶折返模式可用　　B．人工驾驶折返模式可用
C．自动驾驶折返模式可用　　D．任何折返模式均可用

三、判断题（正确的在题后括号内打“√”，错误的打“×”）

1．辅助逆变器（SIV）设置在 M 车下部。（　　）

2．运行防护灯属于信号灯，由主控手柄控制。（　　）

3．车载 OBCU 控制单元设置在驾驶室后面左侧的电气控制柜中。（　　）

4．司机操纵台 RBS 按钮是雨刮器喷淋开关，雨刮器禁止干刮。（　　）

5．列车的方向开关必须在开车之前选定，运行途中如果方向开关被转动，列车将立即触发紧急制动。（　　）

6．使用司控器时，先用主控钥匙打开机械锁后，即可操作主控手柄控制列车速度。（　　）

7．HMI 屏中显示 （黑色）图标，表示停放制动施加。（　　）

8．TOD 屏中显示 （黑底，绿色）图标，表示列车在车辆段指定股道停稳。（　　）

四、名词解释

1．警惕按钮

2．驾驶室电气控制柜

3．紧急对讲

五、简答题

1．简述列车广播系统中“驾驶室对讲”功能的工作过程。

2．司机操纵台可以按功能划分为哪些区域？

3．司机控制器的机械联锁有哪些？

4．简述使用脚踏泵升弓的方法。

六、综合分析题

阅读材料并回答问题。

某地铁公司广播故障事件

2018 年 9 月 15 日 11：05，某市地铁公司 303 次（107 车）以 ATO 模式运行至终点站（AAA 站）下行站台，开门作业后司机进行换端作业。

换端作业过程中，303 次司机发现有 2 名人员进入客室。此二人告知司机他们是 ×× 通号公司设备检修人员，并且已经汇报过行车调度员，同时，二人请司机帮忙开启 6 车客室控制柜。

11：07，司机确认两人身份后，将方孔钥匙借给他们并监督他们打开 6 车客室控制柜。

11：08，×× 通号公司人员检修作业完毕，将方孔钥匙归还司机。司机迅速换端，换端作业完毕后，司机立即向行车调度员报告"303 次换端作业完毕，具备动车条件"。

11：12，303 次（107 车）司机以 ATO 模式动车，在 AAA 站下行出站。11：13，303 次（107 车）司机发现 I 端司机室的自动广播、人工广播功能均不能使用，立即向行车调度员报告。

11：35，列车运行至 BBB 站下行站台停车，检修人员上车进行处理。11：45，列车运行在 CCC 站至 DDD 站下行区间时，检修人员发现 6 车客室控制柜中客室广播断路器（SCUN）未闭合，并及时恢复。

11：48，303 次（107 车）在 DDD 站下行出站后，广播功能恢复正常。

该事件导致 303 次（107 车）AAA 站至 DDD 站下行 8 站 8 区间无广播，影响乘客服务工作质量，但列车未下线。

×× 通号公司人员检修调试广播结束后，未及时将客室广播断路器（SCUN）闭合，也未告知司机此断路器是断开的，是事件发生的直接原因。

（1）城市轨道交通列车广播系统是城市轨道交通列车中重要的乘客服务设备，应具备哪些工作模式？

（2）使用"手动报站"功能时，应如何操作？

（3）进行人工广播时，应如何操作？人工广播功能有什么特点？

（4）此事件过程中，司机的行为有哪些不当或过失？

（5）结合所学知识，简述杜绝此类事件发生的措施。

第四章　列车整备及出入段 / 场

一、填空题（将正确答案填在横线空白处）

1. 城市轨道交通列车司机必须牢固树立____________________的思想，认真学习并严格遵守各种规章制度和运行规则，杜绝臆测行车，确保作业安全。

2. 列车运行中，司机必须认真执行______________________________的要求，认真确认设施、设备状态，严格按照规定速度运行，严禁做与行车无关的事。

3. 城市轨道交通服务应遵循乘客为先、有礼有节，形象规范、仪态大方，微笑服务、热忱主动，________________________的基本原则。

4. 司机对调度命令不清楚时，严禁动车，严禁______________。

5. 升降弓前、动车前、遇鸣笛标时、____________时、天气不良时和遇到其他需要鸣笛警示的情况时，必须鸣笛。

6. 非正常行车情况下，严禁____________或携错误凭证开车。

7. 派班员检查司机日志内容，确认司机下一班次的________________正确，满足退勤条件后，在司机日志上盖章确认，允许司机退勤。

8. 运营列车司机出勤后，应在 5 min 之内到达车辆段 / 停车场相应股道的指定位置，对指定列车进行____________。

二、选择题（将正确答案的字母填在括号内）

1. 车辆段 / 停车场内作业时，司机应严格把控（　　），确保段 / 场内运作安全。

　A. 计划关　　B. 进路关
　C. 速度关　　D. 计划关、进路关、速度关

2. 车辆段 / 停车场出勤时间为距列车出库计划动车时间（出库点）前（　　）。

　A. 10 min　　B. 30 min
　C. 45 min　　D. 1 h

3. 手动驾驶列车时，应做到（　　）、停车位置准。

　A. 启动加速稳　　B. 进站调速快
　C. 途中速度高　　D. 阻力利用好

4. 采用自动或人工驾驶模式时，司机应确认列车完全停稳后，将主控手柄置于（　　），方可下车进行站台作业。

　A. 牵引区　　B. “0” 位
　C. 紧急制动位　　D. 最大制动（快速制动）位

5. 司机进出辅助线路时，必须报告（　　）或车站，严禁未经同意擅自进入线路。

A. 检修调度员　　B. 行车调度员

C. 环控调度员　　D. 派班员

6. 列车出车辆段 / 停车场时，司机确认（　　）指令和出段信号开放（黄灯）动车出段。

A. 派班员　　B. 场 / 段调度员

C. 信号楼值班员　　D. 行车调度员

7. 折返站交接班作业应优先通过（　　）进行。

A. 客室广播　　B. 驾驶室对讲

C. 紧急对讲　　D. 对讲机

8. 列车入车辆段 / 停车场时，司机应以（　　）模式驾驶列车限速（　　）km/h 进入段 / 场。

A. RM，15　　B. AM，15　　C. RM，25　　D. AM，25

三、判断题（正确的在题后括号内打“√”，错误的打“×”）

1. 司机应做好出车前的检查准备工作，及时将不满足上线运营条件的列车报告给车辆段 / 停车场调度人员，并严格按其指示执行。（　　）

2. 发生交路混乱时，司机要有高尚的职业道德，确保有车必有司机值乘，以顺利完成行车任务。（　　）

3. 上下班途中、车辆段、车站及列车上均视为作业区域，工作制服原则上只在作业区域、工作时间穿着。（　　）

4. 行车调度员发布书面命令时，受令司机必须认真逐句复诵，领会命令内容，并做好书面记录，确保听清、记清。（　　）

5. 启动列车前，必须确认信号、道岔、进路、制动、接触网电压等行车“五要素”，防止冒进信号。（　　）

6. 正线交接班作业时，接班司机要按照规定时间，在所接列车到达车站前，至站台中部立岗接车。（　　）

7. 列车在车辆段 / 停车场内采用 RM 模式驾驶，限速 15 km/h 运行出库。（　　）

8. 列车在进入隧道前，在瞭望条件允许和线路正常情况下可不鸣笛。（　　）

四、名词解释

1. 电话出勤

2. 退勤

3．三不交，一不接

4．整备作业“五确认”

五、简答题

1．简述城市轨道交通列车司机的基本工作流程。

2．简述城市轨道交通列车司机驾驶列车作业规范。

3．简述城市轨道交通列车司机正线退勤作业的流程。

4．简述客室门试验的方法及要求。

六、综合分析题

1．阅读材料并回答问题。

列车信号故障回库事件

2018 年 6 月 16 日 16：10，某市地铁 2057 次（103 车）列车以 RM 模式出库，运行至转换轨 I 道停妥后，司机直接转 ATP 模式动车未果。

司机联系行车调度员进行汇报。行车调度员询问："现在可用什么驾驶模式？"司机观察 TOD 屏显示为 RM（黄底），且速度表中黄标（推荐速度）、红标（紧制速度）均为"0"。经行车调度员授权后，司机将驾驶模式转为 RM 模式，再次尝试将主控手柄推至牵引区，列车无响应、无位移。

16：11，2057 次（103 车）列车司机汇报行车调度员"RM 模式不可用"。行车调度员授权司机使用 NRM 模式动车。司机转 NRM 模式后，并未进行动车尝试，却汇报行车调度员"推牵引无位移"。

16：12，行车调度员授权换端并回库。

16：13，司机换端完毕后报告行车调度员，行车调度员要求与车辆段控制中心联系并回库。

16：14，司机凭车辆段控制中心指示及地面信号机 XC1 黄灯开放，以 RM 模式回库至 1 道 A 端停车。

此次事件导致该列车未投入运营便安排回库。

（1）简述司机操作列车出段 / 场进入转换轨的作业流程。

（2）简述转换轨作业的联控用语标准。

（3）此事件过程中，司机的行为有哪些不当或过失？

（4）采取哪些措施可以杜绝此类事件发生？

2．阅读材料并回答问题。

列车晚点事件

2017 年 5 月 5 日 10：35，某地城市轨道交通 4 号线上行线 1303 次（116 车）在正线交接班车站前一站关门作业时，01 车 3 号车门关好指示灯不亮。司机重新开关门两次，故障消除。

10：37，1303 次（116 车）到达司机与接班司机进行交接，交接内容安全无事，车辆和线路状态良好。

10：39，1303 次（116 车）接班司机按照时刻表正点关门，发现 01 车 3 号车门关好指示灯不亮，重新开关门两次后故障依然存在。向行车调度员汇报得到授权后，司机按照故障处理流程处理。到达现场后，司机确认故障车门正确，确认车门机械卡死。处理故障过程中，司机发现车门无法手动关闭（两扇门页无法完全关闭，有约 1 cm 空隙），无法完全隔离（只能隔离到一半位置且门切除指示灯红灯不亮），无法反向推开。但司机未在现场及时将上述具体情况汇报给行车调度员。

10：43，司机返回到司机室，发现 TOD 屏显故障仍在，随即向行车调度员汇报：司机已经将故障车门切除，可车门图标显示防夹和车门关好灯不亮。行车调度员要求重新开关门一次，故障仍无法排除。随后授权司机操作“门关好旁路”，以 IATP 模式动车，司机尝试无果。行车调度员再次授权司机以 NRM 模式动车，司机尝试 NRM 模式动车成功后，列车启动，以 NRM 模式限速运行。

后续运行中，该故障依旧。行车调度员命令该车一直采用 NRM 模式限速运行。直至检修人员上车确认车门状态时，发现右门扇挡销螺栓脱落，导致无法关闭（见图 4–1），关门过程中防夹功能多次启动。螺栓拧紧后，车门正常关闭。经行车调度员同意，司机恢复门旁路开关，转为 IATP 模式动车（后续各站均采用 IATP 模式动车）。

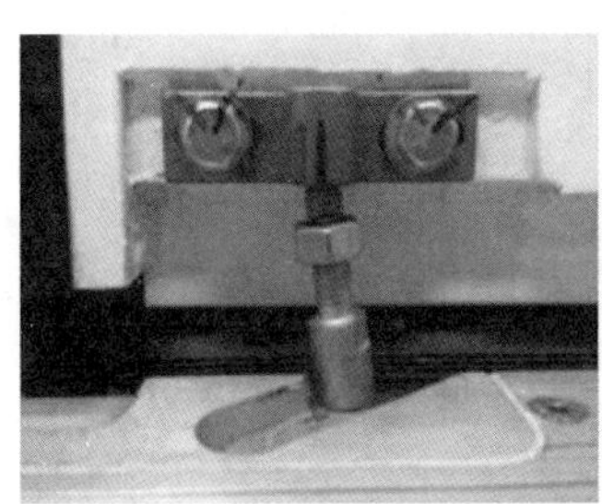  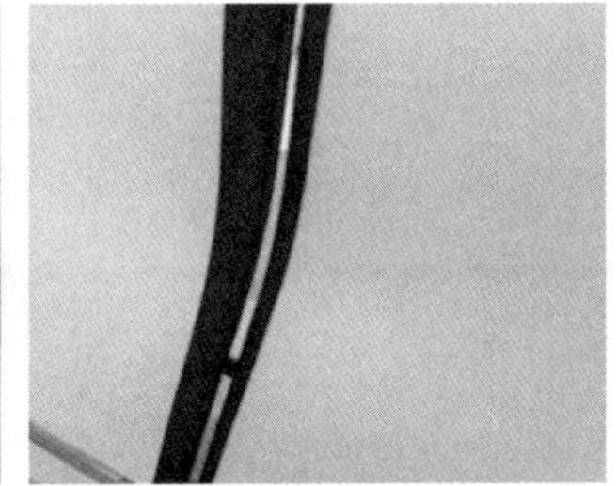

图 4–1　车门无法手动关闭故障

该事件导致 1303 次（116 车）列车运行至终点站上行站台比时刻表晚点 14 min。

（1）结合此案例，简述中间站交接班作业的流程。

（2）此事件过程中，司机的行为有哪些不当或过失？

（3）司机应如何杜绝此类事件的发生？

第五章　正线列车运行

一、填空题（将正确答案填在横线空白处）

1．正常情况下，正线运营列车采用 ATO 模式驾驶（规定采用 ATPM 模式时除外），降级驾驶模式前，必须得到____________的授权。

2．司机在驾驶列车时，必须严格执行__________制度。

3．列车运行过程中，司机应坚持“动车集中看，瞭望不间断”，按照________________________的原则，确认前方进路安全。

4．发现弓网故障、线路及其他轨旁设备损坏或超限时，司机必须立即采取____________措施。

5．城市轨道交通正线信号系统提供三个列车控制等级：________________、点式控制模式（ITC）和联锁控制模式（IXLC）。

6．人工驾驶制动时采取____________的原则，避免因空转、滑行、超速或松开警惕按钮而产生紧急制动。

7．人工开门时，应该执行_________________________________的开门作业程序，防止误操作造成错开车门。

8．每天正式投入运营服务前，为检验区间轨道、站台区域、设备设施等是否满足运营条件及安全行车的要求而开行的列车称为______________。

二、选择题（将正确答案的字母填在括号内）

1．司机在故障应急处理中应做到（　　）。

A．及时处理　　B．控制质量

C．应急为主　　D．按时汇报

2．故障应急处理时间一般为（　　）min。

A．2　　B．4　　C．5　　D．6

3．运营列车非正常停车或停站时间超过（　　）min 时，司机应及时播放应急广播，并做好乘客服务工作。

A．1　　B．2　　C．3　　D．5

4．RMR 模式下，限制列车最大后退距离为（　　）m。

A．2　　B．3　　C．5　　D．10

5．施行站间电话闭塞法行车时，列车占用区间的凭证为（　　）。

A．地面信号显示　　B．车载信号显示

C．路票　　　　　　　　　　　　　　D．手信号

6．使用引导信号时，司机必须以（　　）模式限速通过。

A．ATO　　　　B．ATPM　　　　C．RM　　　　D．NRM

7．列车在较大坡道（≥ 30‰）上制动，接近停车时，司机应采用（　　）停车，防止由于列车制动力不足导致列车后溜。

A．紧急制动　　　　　　　　　　　　B．快速制动

C．停放制动　　　　　　　　　　　　D．保持制动

8．列车运行进路分为上、下行方向运行，如果违反常规运行方向且在前进方向的头端驾驶的，称为（　　）。

A．牵引运行　　　　　　　　　　　　B．推进运行

C．反向运行　　　　　　　　　　　　D．退行

三、判断题（正确的在题后括号内打“√”，错误的打“×”）

1．正常运行情况下，列车进站对标过程中，司机必须立即应答行车调度员的呼叫。（　　）

2．行车调度员发布行车指示或口头命令时，受令人必须回复“清楚”或“明白”。（　　）

3．IXLC 级别下可用驾驶模式为 ATO 模式、ATPM 模式、DTRO 模式。（　　）

4．需转换驾驶模式时，除在规定位置操作外，从高到低转换时，司机可视情况进行操作后，再及时报告行车调度员。（　　）

5．列车进站，司机确认列车对标停稳后即可按规定开屏蔽门、车门。（　　）

6．站前折返方式中，折返作业与接发车采用平行作业，不存在交叉进路，有利于提高线路通过能力。（　　）

7．同一载客列车不得连续在两个及两个以上车站越站通过。（　　）

8．退出服务列车折返前，需将门模式开关打到“A/M（手动开手动关）”位，防止列车折返到另一站台时车门、屏蔽门自动打开。（　　）

四、名词解释

1．RM 模式

2．退行

3．折返作业

4．推进

五、简答题

1．简述列车正线运行时的限速要求。

2．动车前，司机需要确认的内容有哪些？

3．列车进站停车发生冲标时，司机该如何处置？

4．自动开门模式下，司机该如何操作？

六、综合分析题

1．阅读材料并回答问题。

车门、屏蔽门夹人事件

2014 年 7 月 15 日 15 时 34 分，某市地铁 1 号线 ×× 站下行站台上，一名男性乘客在上车时未能挤进车厢，被夹在屏蔽门和列车之间，列车正常启动后，该乘客被挤压坠落隧道。事故发生后，车站立即拨打急救电话，但该乘客在送往医院途中死亡。

2014 年 11 月 6 日晚高峰期间，某市地铁 5 号线一列车在车站上下乘客完毕后、司机关闭车门时，一乘客被夹在闭合的屏蔽门和车门空隙中。随后列车开动，该乘客被挤压后跌落站台。车站工作人员随即采取了列车紧急停车和线路停电措施，并将受伤乘客抬上站台送医院治疗，但医院全力抢救无效，受伤乘客于当晚死亡。

2015 年 11 月 6 日 8 时 30 分左右，某市地铁 7 号线一列车到达车站，正常上下乘客时，车门和屏蔽门突然关闭，导致某乘客被卡在两门缝隙间。幸好车厢内的乘客堵住了车门，并与站台人员一起喊开门，列车司机听到后看监控显示器并开门。

（1）简述站台立岗监控的作业要求。

（2）简述关门作业呼唤应答的标准用语。

（3）简述车门、屏蔽门联动时的关门作业程序及标准。

（4）如何防止车门、屏蔽门夹人事件的发生？

2. 阅读材料并回答问题。

列车踩踏事件

2014 年 3 月 4 日 10 时 48 分，某市地铁 5 号线下行方向，××× 次列车 6 号车厢内有 2 名少年玩弄一瓶状物体，且发出刺激性气味，引起车上乘客恐慌，大量乘客突然从列车车尾部往列车车头部方向挤去，慌乱中发生挤碰、踩踏，导致 4 人轻微擦伤，行李散落一地，如图 5–1 所示。

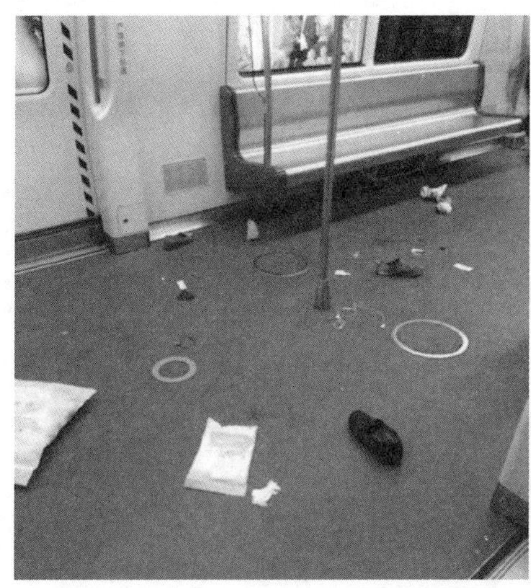

图 5–1　列车踩踏事件

10 时 49 分，警方接到群众报警，称 5 号线列车在运行中有刺激性气味。警方立即携带专业装备前往处置，到场后迅速对列车开展勘查，同时协助车站有序疏散乘客。10 时 52 分，列车开出车站，地铁运营秩序恢复正常。警方随后找到该瓶状物体，初步查明是女性防狼喷雾。

（1）简述列车正线运行过程中司机作业的基本规则。

（2）简述区间疏散时的应急广播内容和播放要求。

（3）应该采取哪些措施杜绝此类事件的发生？

第六章 非正常情况行车组织与突发事件应急处理

一、填空题（将正确答案填在横线空白处）

1．列车在运用过程中出现大幅度晚点时，应牢固树立______________的思想，加强运输组织和客运组织，积极恢复正点。

2．组织救援时，行车调度员应发布开行救援列车的调度命令，故障车辆在区间时还需封锁区间，救援列车必须凭____________进入封锁区间。

3．ATS 设备故障时，司机应人工输入____________。

4．突发事件报告执行快捷、准确、____________________________、续报的原则。

5．对于火灾、爆炸、投毒等突发事件的处理，要坚持__________________________的原则，将损失减小到最低限度。

6．大客流处置应遵循“安全第一、统一协调、高效处置、合理疏导、及时疏散”的原则，做到______________________________。

7．正线运行列车发生故障需要救援时，尽量遵循______________原则，确保其他正线列车运行秩序正常。

8．救援列车牵引故障列车运行时，司机需在救援列车前端驾驶室（运行方向）驾驶，运行限速______km/h。

二、选择题（将正确答案的字母填在括号内）

1．列车大幅度晚点时，行车组织的重点是（　　）。

A．执行原有列车运行计划　　B．维持沿线列车的运行时间
C．调整沿线列车运行速度　　D．维持沿线列车的停站时间

2．列车在站内接触网停电时间超过（　　）min，司机应向行车调度员建议清客并关闭蓄电池。

A．5　　B．10　　C．30　　D．45

3．ATP 地面设备小范围发生故障时，行车调度员确认故障区间空闲后，可命令司机在故障区间以（　　）模式限速运行。

A．ATO　　B．SM　　C．RM　　D．NRM

4．恶劣天气（如雨天、雾天）列车在地面下大坡道时，必须（　　）运行。

A．按规定速度　　B．低于规定速度 15 km/h
C．低于规定速度 5 km/h　　D．停止

5．重大突发事件的预警级别用（　　）表示。

A．红色　　　　B．橙色　　　　C．黄色　　　　D．蓝色

6．下列选项中，属于突发事件应急处理原则的是（　　）。

A．安全第一、以人为本　　　　B．信息上报内容翔实

C．先复后通　　　　D．积极公关、消除影响

7．突发大客流发生在单一线路，站台、站厅都较为拥挤，运营秩序受到一定影响，但轨道交通运营企业能够自主处置，不需要外部资源支援的是（　　）的突发大客流。

A．非常严重　　　　B．严重　　　　C．较严重　　　　D．不严重

8．隧道线路积水浸到道床时，该区段限速（　　）km/h。

A．5　　　　B．15　　　　C．25　　　　D．35

三、判断题（正确的在题后括号内打“√”，错误的打“×”）

1．城市轨道交通突发事件具有突发性、非常规性、个体性、复杂性等特点。（　　）

2．运行列车出现车辆故障时，必须立即就地停车，组织救援。（　　）

3．当蓄电池电源电压为DC84 V，主风缸风压低于450 kPa时，司机可自行使用初次升弓按钮进行应急升弓。（　　）

4．ATP车载设备发生故障时，司机应根据行车调度员命令，以RM模式驾驶列车限速运行。（　　）

5．区间发生接触网停电时，区间运行列车应立即施加紧急制动停车，并申请救援。（　　）

6．发生乘客强行开门事件时，司机应及时向行车调度员汇报，汇报内容包括车次、车号、地点、时间、发生强行开门的位置及车门编号。（　　）

7．发生隧道火灾时，司机必须立即报告行车调度员，并尽量在列车到达火源之前紧急停车。（　　）

8．在与救援列车连挂前，故障列车司机可以继续排除故障，故障排除后应迅速动车并报行车调度员。（　　）

四、名词解释

1．非正常情况行车组织

2．突发事件

3．大客流事件

4．电话闭塞法

五、简答题

1．非正常情况下行车的处理原则是什么？

2．列车在区间发生接触网停电时，司机应如何处置？

3．简述列车在区间出现车门紧急解锁的处理程序。

4．列车在区间运行中发生乘客按压报警按钮的情况时，司机该如何处理？

六、综合分析题

1．某市地铁 1 号线局部线路如图 6–1 所示，2020 年 10 月 17 日 10：05，因火车南站站联锁区联锁设备故障，决定采用电话闭塞法组织行车。10：28，11023 次列车在人民南路站下行站台准备发车，电话记录号为 1615 号。根据以上材料，回答下列问题。

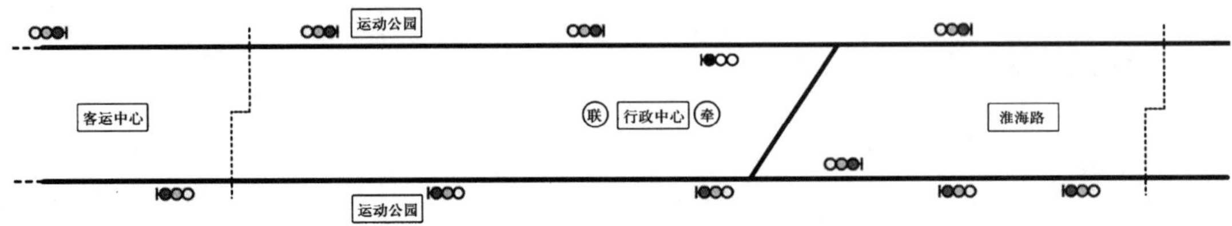

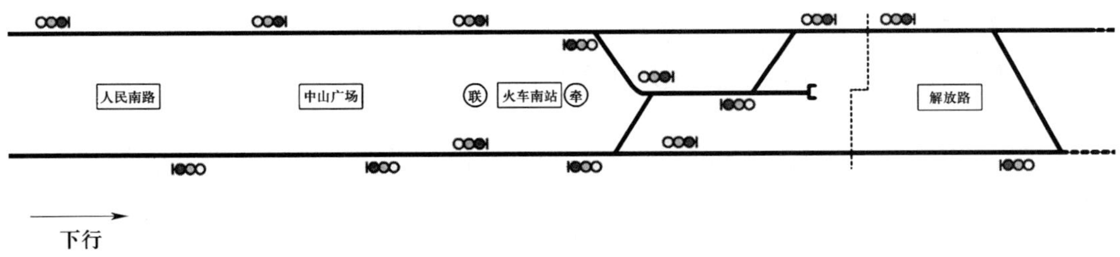

图 6–1　某市地铁 1 号线局部线路

（1）按图示线路信息，说明采用电话闭塞法组织行车的区域范围。

（2）采用电话闭塞法行车时司机的职责是什么？

（3）电话闭塞法准备阶段，列车停在区间时司机应如何处理？

（4）按图 6-1 所示线路信息，拟发采用电话闭塞法组织行车（对司机）的调度命令。

（5）填写该电话闭塞法行车所需路票。

（6）司机与路票递送人之间如何进行核对？

2. 阅读材料并回答问题。

韩国大邱市地铁纵火事件

2003 年 2 月 18 日，韩国大邱市地铁中央路站发生火灾，造成 198 人死亡、146 人受伤、298 人失踪，财产损失达 47 亿韩元。经调查，火灾是由一名 56 岁男性乘客纵火所致。

当日上午 9 时 54 分，1079 次列车驶入中央路站，一名 56 岁男性乘客点燃随身携带的两个装满汽油的塑料瓶。火势未在第一时间得到控制，迅速蔓延到车厢内的座椅、顶板和地板，乘客被困在车厢内无法逃生。12 s 后，1079 次列车停在中央路站。17 s 后，中央路站的监控屏上显示“火警”警报，但并未引起车站值班员重视，未向控制中心报告。

3 min 后，1080 次列车从对向驶向中央路站。列车进站后，1080 次列车司机才接到指挥中心发来的火灾警报，1080 次列车也被引燃起火。1080 次列车驾驶员立即采取措施，按常规开启车门，乘客争先恐后地向外逃生。但不久后，由于列车电源发生故障，1080 次列车车门突然关闭，车内广播播放“发生火灾，请乘客暂时等候”，大量乘客在不知情的情况下，在座位上等候通知，延误了逃生时机。其后，1080 次列车驾驶员拔出列车主控钥匙并逃离现场，致使部分乘客被困在车厢内。

此时，中央路站内电源自动切断，整个站台区域一片漆黑，充满浓烟，视线不清，两列车的 12 节车厢全被烈火和浓烟包围。从火灾事故现场到最近的地面安全出口步行只需 2 min，然而上百名乘客却没能被及时疏散到安全地点，因来不及逃生而窒息身亡，事发列车被严重烧毁，现场一片狼藉，如图 6-2 所示。

图 6–2　韩国大邱市地铁纵火事件现场

（1）简述火灾应急处理的原则。

（2）列车在区间运行中发生火灾时，司机该如何处理？

（3）车站站台发生火灾时，司机该如何处理？

（4）结合所学知识，分析并说明此纵火事件造成严重后果的原因。

第七章　段/场运作与施工作业

一、填空题（将正确答案填在横线空白处）

1. 将车辆由一股道调移到另一股道，在调动过程中不摘车的作业方法称为____________。

2. 调车作业是一项多工种联合进行的复杂作业，为了安全、协调、迅速地进行工作，按时完成调车任务，必须实行______________________。

3. 调车作业通过______________实现，它是调车作业的凭证与依据。

4. 变更调车作业计划主要是指变更___________、摘挂辆数与车辆号、作业方法及取送作业或转线的区域或线路。

5. 根据调试阶段不同，调试分为静态调试、动态调试和____________。

6. 工程车中车辆编挂条件由车长负责检查，工程车装载货物高度距轨面超过_______mm时，接触网必须停电。

7. 屏蔽门的检查、维修、清洁、保养、施工作业应以___________为周期提报计划。

8. 周计划内已批准的日作业项目，因特殊原因需变更的，应以_______的形式提报。

二、选择题（将正确答案的字母填在括号内）

1. 列车或车辆在车辆段的牵出线、调车线、检修线和洗车线等线路上进行的调车作业不包括（　　）。

A．转线调车　　B．解体调车
C．折返调车　　D．编组调车

2. 在调车作业前，调车长应将（　　）、作业方法向调车司机及其他调车人员传达清楚。

A．线路存车数　　B．调车作业计划
C．停留车位置　　D．安全事项

3. 变更调车作业计划不超过（　　）钩时，可用口头方式传达。

A．三　　B．四　　C．五　　D．十

4. 车库内及检修线上调车时，调车允许速度为（　　）km/h。

A．3　　B．5　　C．15　　D．20

5. 工程车、电客车进行任何调试时，由（　　）统一指挥并负责调试过程中的安全工作。

A．行车调度员　　B．检修调度员

C. 调试负责人　　D. 调试司机

6. 200 km 试运行期间采用（　　）驾驶模式，按正式运营模式操作，通过列车的牵引 / 制动，测试列车的控制、牵引和制动系统是否正常可靠。

A. ATO　　B. ATPM　　C. RM　　D. NRM

7. 工程车占用区间的凭证为（　　）。

A. 行车调度员的调度命令　　B. 检调命令

C. 施工命令　　D. 路票

8. 在正线进行，影响正线、辅助线行车，需要开行工程列车，并需停止接触网供电作业的施工，简称（　　）。

A. AA 类　　B. AB 类　　C. AC 类　　D. AD 类

三、判断题（正确的在题后括号内打“√”，错误的打“×”）

1. 溜放调车法需要的时间较短且较安全，因此，城市轨道交通调车大多采用溜放调车法。（　　）

2. 因列车编组和车辆摘挂作业的需要，列车或车辆在线路上进行有目的的调动属于调车。（　　）

3. 除被摘挂车辆的停留外，在尽头线上进行调车作业时，距离线路终端应有不少于 10 m 的安全距离。（　　）

4. 电客车、工程车开始调试的第一趟或调试作业中途停止超过 2 h 后需要重新调试时，限速 40 km/h 进行线路出清。（　　）

5. 电客车采用 ATO/ATP 模式（高于 40 km/h）试验时，应以低于 40 km/h 速度驶入试车线后，再进行试验。（　　）

6. 在站内线路施工时，由施工负责人或施工负责人指派的维修人员在车站两端墙外采用手信号防护。（　　）

7. 工程车可以牵引运行，也可推进运行，各站按调车作业办理。（　　）

8. 洗车过程中发现异常情况，司机及时报信号楼值班员及洗车机值班员后即可自行后退。（　　）

四、名词解释

1. 调车作业计划

2. 要道还道制度

3．“一钩”作业

4．施工作业令

五、简答题

1．车辆段的日常作业包括哪些内容？

2．有电静态调试中，如何进行列车空调调试？

3．工程车开行时的运行限速值是如何规定的？

4．施工计划的编制原则是什么？

六、综合分析题

1. 阅读材料并回答问题。

洗车作业损坏雨刮器事件

某日 17：48，某市 ×× 车辆段回库列车 203 次（02010 车）在转换轨Ⅱ道停妥并联系信号楼值班员。

17：49，信号楼值班员通知 203 次司机进洗车线进行洗车作业。

17：53，司机按照洗车流程，在洗车库门前一度停车标前停车，与洗车库联系得到授权后开始端洗作业。

18：03，列车进行后端洗作业。

18：12，后端洗仍未结束，司机联系洗车库人员无应答，随监控员去尾端（6 端）查看情况，发现尾端（6 端）雨刮器与洗车机毛刷缠绕，司机立即联系洗车库，此时洗车机已停止工作。

18：21，确认洗车库人员处理完毕并出清洗车库后，司机联系控制中心动车回库。

此次事件导致 02010 车 6 端雨刮器损坏，如图 7–1 所示。

图 7–1　雨刮器损坏

（1）雨刮器有哪些挡位？洗车时，雨刮器的正确位置在哪里？

（2）说明端洗时的作业联控用语。

（3）结合所学知识，简述如何避免此类事件的发生。

2. 阅读材料并回答问题。

检修人员擅自进入轨行区造成列车在区间停车事件

2015年9月2日，15：46，某市地铁3号线上 ××× 站 W1002/W1004 道岔发生故障，在 LOW 机上无显示。

15：48，通号车间检修人员急于处理故障，在未向行车调度员汇报的情况下，擅自进入 ××× 站轨行区，试图进行故障道岔检修作业。

15：49，即将进站的1107次列车司机发现轨行区的检修人员，立即采取紧急停车措施，1107次列车在区间紧急停车，险些导致人身伤亡。

（1）运营时间抢修设备需进入轨行区时，应如何办理施工手续?

（2）施工负责人的职责是什么?

（3）结合所学知识，分析发生该事件的原因。